AF256384